Can Elephant Poo Protect Forests?

The 'elephant incident' that surprised the world for a year and a half happened in March 2020. A group of about 15elephants from a nature reserve in southern China headed north towards civilization. 'Why did the elephants migrate?', 'What will happen to them in the future?' People around the world asked as they watched their movements.

The herd travelled about 500kilometers north and returned to their homeland after 17months. Up to 150,000people scrambled to avoid collisions with the elephants.

The total distance traveled by the elephant herd wasn't unprecedented 1,300kilometers. Unsurprisingly though, elephants are animals that are known to travel long distances. They protect forest by moving in groups to find food, water, and salt.

What does it mean by elephants protecting forest? As you know, elephants eat a lot of food. They eat any plants, regardless of grass or branch. However, elephants have a very low digestion rate, so more than half of their food is not digested and is excreted as waste. This amount is enormous. Elephant feces also contain undigested seeds from various plants. It is nutritious, like 'fertilizers'. Elephants defecation the move, and it's like sowing seeds. They have a reputation for being called 'Natures planting machines.'

Elephants knock down trees and "destroy" the forest, but they also sow seeds to make new forests. Thanks to elephants, forest is restored. Therefore, elephants are the 'core species' of the ecosystem.

However, more than 20,000elephants die every year because of poaching. In addition, forestsare destroyed for palm oil or rubber, and place to live is gradually lost. At this rate, earth's nature protectors may disappear!

Through this book, we can get to know elephants better and think about how to live with them. Now, let's go meet the elephants!

코끼리 똥이
숲을 지킨다고?

풀과바람 환경생각 17

코끼리 똥이 숲을 지킨다고?
Can Elephant Poo Protect Forests?

1판 1쇄 | 2022년 10월 25일
1판 3쇄 | 2025년 3월 5일

글 | 김황
그림 | 끌레몽

펴낸이 | 박현진
펴낸곳 | (주)풀과바람
주소 | 경기도 파주시 회동길 329(서패동, 파주출판도시)
전화 | 031) 955-9655~6
팩스 | 031) 955-9657
출판등록 | 2000년 4월 24일 제20-328호
블로그 | blog.naver.com/grassandwind
이메일 | grassandwind@hanmail.net

편집 | 스튜디오 플롯
디자인 | 박기준
마케팅 | 이승민

값 13,000원
ISBN 978-89-8389-090-0 73490

※ 잘못 만들어진 책은 구입처에서 바꾸어 드립니다.

제품명 코끼리 똥이 숲을 지킨다고? | **제조자명** (주)풀과바람 | **제조국명** 대한민국
전화번호 031)955-9655~6 | **주소** 경기도 파주시 회동길 329
제조년월 2025년 3월 5일 | **사용 연령** 8세 이상
KC마크는 이 제품이 공통안전기준에 적합하였음을 의미합니다.

⚠ **주의**

어린이가 책 모서리에
다치지 않게 주의하세요.

코끼리 똥이
숲을 지킨다고?

김황 · 글 | 끌레몽 · 그림

풀과바람

머리글

2020년 3월~2021년 8월, 세계를 아주 놀라게 한 '코끼리 사건'이 일어났어요. 중국 남쪽의 윈난성(雲南省) 자연 보호 구역에 있던 열다섯 마리의 코끼리 무리가 보호 구역을 떠나 사람들이 사는 북쪽으로 향했어요. '코끼리가 이동하는 이유는 무엇일까?', '코끼리는 앞으로 어떻게 될까?' 전 세계의 사람들은 두근거리는 마음으로 이들의 이동을 지켜보았어요. 아마 여러분 중에도 이 뉴스를 본 친구가 있을 거예요.

코끼리 무리는 약 500킬로미터나 북쪽을 향하여 올라가다가 17개월 만에 고향으로 돌아왔어요. 코끼리 무리와의 충돌을 피하려고 이동한 사람도 무려 15만 명이나 됐어요.

코끼리 무리의 이동 거리를 합치면 1,300킬로미터나 돼요. 여태까지 들어 본 적이 없던 이동 거리예요. 그런데 사실 코끼리는 장거리를 이동하는 동물이에요. 먹이, 물, 소금을 찾기 위해 무리 지어 이동하면서 숲을 지켜요.

코끼리의 이동이 숲을 지킨다는 건 어떤 의미일까요? 여러분도 잘 알 듯 코끼리는 엄청나게 많이 먹어요. 식물이라면 가리지 않고 뭐든 다 먹지요. 그런데 코끼리는 소화율이 아주 낮아서 먹은 것이 절반도 소화되지

않고 똥으로 배출돼요. 배출하는 양 또한 어마어마하지요. 코끼리 똥에는 코끼리가 먹던 다양한 식물의 씨앗이 들어 있어요. 또 '비료'처럼 영양분도 많고요. 그래서 코끼리가 이동하면서 똥을 싸는 건 마치 씨앗을 뿌리는 것과 같아요. 그래서 '자연의 씨뿌리개'라고도 불려요.

코끼리는 이동하면서 나무를 쓰러뜨리고 숲을 '파괴'하기도 하지만, 씨앗을 뿌려 다시 숲을 새롭게 만들기도 해요. 코끼리 덕분에 자연은 순환되어서 결국 숲이 지켜지는 거예요. 따라서 코끼리는 생태계의 '핵심종'이에요.

그런데 코끼리는 지금 상아를 목적으로 한 밀렵 때문에 매해 2만 마리 이상이 죽어요. 게다가 팜유나 고무를 얻기 위해 인간들이 숲을 파괴해서 코끼리들의 보금자리도 점점 사라지고 있어요. 이대로 가다가는 '자연의 건강을 지켜 주는' 코끼리가 사라질지도 몰라요!

이 책을 통해 우리는 코끼리를 더 잘 살펴보고 어떻게 하면 이들과 더불어 살 수 있을지를 함께 고민해 볼 수 있어요. 자, 그럼 어서 코끼리를 만나러 가요!

김황

차례

시노마스토돈

마스토돈

팔레오록소돈

2 m

스테고테트라벨로돈

스테고돈

곰포테리움

모에리테리움

아메벨로돈

데이노테리움

8

대초원매머드

2 m

콜롬비아매머드

남부매머드

털매머드

아시아코끼리

아프리카코끼리

코끼리는 두 종류가 아닌 세 종류!

여러분은 먼 옛날, 거대한 엄니를 가진 털투성이 코끼리 '매머드'가 살았었다는 걸 알고 있나요? 매머드는 약 400만 년~1만 년 전까지 살았다고 해요.

그런데 매머드의 조상 격인 '시조 코끼리'가 있어요. 바로 약 3,700만 년~3,300만 년 전에 살았던 '모에리테리움'이에요.

시조 코끼리부터 오늘날까지, 그동안 과연 몇 종의 코끼리가 있었을까요? 150종이 있었다는 학설도 있고, 350종 있었다는 학설도 있어요.

현재, 다른 코끼리는 모두 멸종하고 지금은 '**아프리카코끼리**', '**아시아 코끼리**', '**둥근귀코끼리**' 세 종류만 남았어요.

'아프리카코끼리와 아시아코끼리, 두 종류가 아니라 세 종류라고요?'

코끼리를 잘 아는 친구는 아마 이렇게 생각했을지도 몰라요. 아프리카 지역에서 사는 코끼리들은 생김새가 조금 달라도 통틀어 한 종류로 오랫동안 생각해 왔으니까요.

하지만 최근, 아프리카에 사는 몸집이 작은 코끼리를 '둥근귀코끼리', 몸집이 큰 코끼리를 '아프리카코끼리'라고 구별해서 부르기로 했어요.

그럼 세 코끼리의 생김새를 각각 비교해 볼까요?

아프리카코끼리는 ❶ 몸집이 크고 등이 오목해요. ❷ 귀가 크고 넓어요. ❸ 암수 다 엄니가 보여요. ❹ 코끝 양쪽에 돌기가 있어요. ❺ 앞발에는 네 개, 뒷발에는 세 개의 발톱이 있어요.

아시아코끼리는 ❶ 몸집이 작고 등이 둥그스름해요. ❷ 귀가 작고 삼각형이에요. ❸ 수컷만 엄니가 두드러져요(간혹 수컷인데 안 보이거나 암컷인데 보이는 경우도 있어요). ❹ 코끝 한쪽에만 돌기가 있어요. ❺ 앞발에는 다섯 개, 뒷발에는 네 개의 발톱이 있어요.

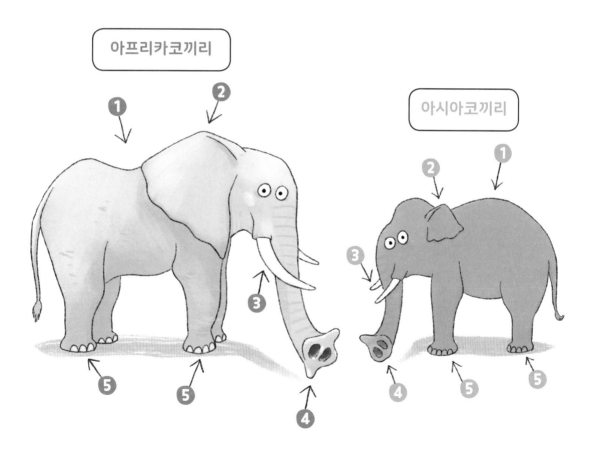

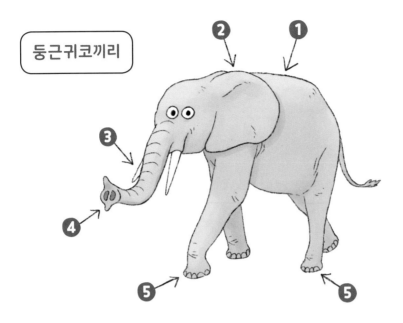

둥근귀코끼리

둥근귀코끼리는 앞에서 설명한 두 종류의 코끼리를 섞어 놓은 듯한 생김새예요.

❶ 몸집은 아시아코끼리 정도이며 등은 평평해요. ❷ 귀는 작고 둥그스름해요. ❸ 엄니는 아프리카코끼리처럼 암수가 다 보여요. ❹ 코끝의 돌기는 아프리카코끼리처럼 양쪽에 있어요. ❺ 아시아코끼리처럼 앞발에는 다섯 개, 뒷발에는 네 개의 발톱이 있어요.

세 종류의 코끼리는 사는 곳도 서로 달라요. 아프리카코끼리는 아프리카 사하라 사막 이남 지역의 남부와 동부 등 37개 나라에 서식하며 주로 '사바나'에 살아요. 그래서 '사바나코끼리'라고도 불려요.

사바나란 비가 많이 내리는 우기와 건조한 시기인 건기가 뚜렷하게 구별되는 열대 기후 지역으로, 긴 풀이 무성한 열대 초원이에요. 수풀

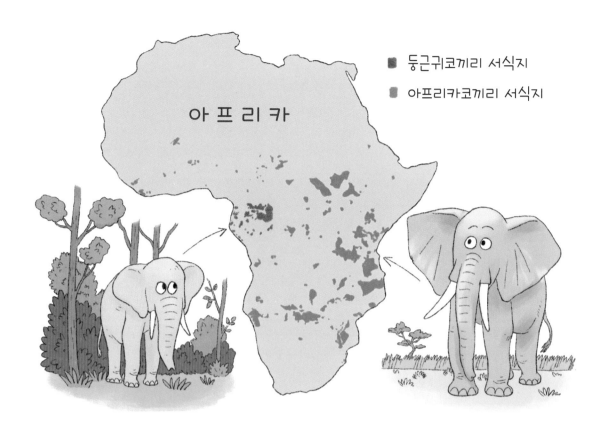

■ 둥근귀코끼리 서식지
■ 아프리카코끼리 서식지

아 프 리 카

로 이루어진 초원에 키가 작은 나무가 드문드문 섞여 있어요.

둥근귀코끼리는 아프리카 서부와 중부 등 6개 나라에 서식해요. 숲에 주로 살아서 '숲코끼리'라고도 불려요.

코끼리는 자주 이동하기도 하지만, 숲에 머물며 생활하는 코끼리도 있어서 그 수를 정확하게 파악하는 건 몹시 어려워요. 현재 아프리카에는 아프리카코끼리와 둥근귀코끼리 모두 합쳐서 약 41만 마리의 코끼리가 산다고 해요.

아시아코끼리는 아시아 13개 나라의 숲에 주로 살아요. 아시아코끼리는 현재 약 4~5만 마리가 있어요.

코끼리는 암컷 중심의 가족 집단

코끼리는 인간처럼 가족을 구성하는 동물이에요. 무리는 같은 핏줄의 암컷과 새끼들로 이루어져 있어요. 다시 말해 엄마와 딸, 이모, 사촌 언니 등으로 구성되어 있지요.

그럼 수컷 코끼리는 모두 어디로 간 걸까요? 수컷은 성체가 되면 무리를 떠나지만, 반대로 암컷은 성체가 되어도 무리에 머물러요. 그래서 코끼리 무리는 암컷 집단이에요.

당연히 무리의 '리더'도 암컷이에요. 보통은 가장 나이와 경험이 많은 암컷 코끼리가 무리를 이끌어요.

리더 코끼리는 어릴 때부터 할머니와 엄마에게 많은 걸 배워 왔어요. 그래서 가뭄 때 어디로 가면 물이 있는지, 먹이가 부족할 땐 어디로 가야 하는지 아주 잘 알고 있어요. 기억력이 대단하거든요. 그래서 코끼리들은 리더를 믿고 뒤따르지요.

무리의 규모는 종류나 사는 곳에 따라 다르지만, 한 무리는 대강 열 마리 전후의 코끼리로 이루어져 있어요. 무리가 커지고 나뉘어 다른 무리가 생길 때도 있지만, 종종 나뉜 무리가 다시 합쳐질 때도 있어요.

　코끼리는 몸집만큼 마음도 넓어요. 그래서 '여기는 우리 무리의 땅이니까 접근하지 마!' 하고 경계를 정하지는 않아요. 오히려 다른 무리와 사이좋게 지내고 싶어 하지요. 그래서 영역 때문에 싸우는 일은 거의 없답니다.

　코끼리는 무리의 암컷들이 새끼를 다 같이 돌봐요. 엄마를 잃은 새끼도 함께 돌보지요. 다른 암컷들이 적극적으로 육아를 도와 양육의 부담이 적어요.

　출산 경험이 없는 암컷은 육아를 배울 수도 있어요. 아직 어린 암컷들도 네다섯 살이 되면 어린 코끼리를 돌봐요.

　새끼 코끼리는 2~3년 동안 주로 엄마 젖을 먹으며 자라요. 새끼는 엄마를 따라다니며 먹을 수 있는 식물의 정보를 얻지요.

　하지만 이러한 정보를 몸에 익히기까지는 몇 년이나 걸려요. 인간도 학습하기 위해서는 오랜 시간이 걸려요. 마찬가지로 사회성 동물인 코끼리도 사회의 규칙이나 관습을 새끼 때부터 오랜 시간에 걸쳐 배워 나가요.

무리를 떠나는 수컷

머리글에서 소개한 중국의 아시아코끼리 무리는 암컷이 6마리, 새끼가 6마리, 그리고 수컷이 3마리로 이루어져 있었어요.

'코끼리 무리는 새끼 빼고 다 암컷이라고 하지 않았나요?' 하는 궁금증이 생겼나요?

무리에서 태어난 수컷은 열 살 정도가 되면 무리를 떠나요. 그렇다고 해서 갑자기 영영 떠나는 건 아니에요. 어린 수컷들은 무리에서 이탈하여 다른 무리의 어린 수컷과 싸움 놀이를 하거나 어울려 지내다가 다시 자신이 태어난 무리로 돌아와요.

싸움 놀이는 나중에 암컷을 차지하기 위해 다른 수컷과 싸워야 할 때를 대비한 연습이기도 해요. 그리고 몇 년이 지나 성체가 되어 새끼를 만들 수 있는 능력이 갖추어지면 그제야 무리를 떠나요.

무리를 떠난 수컷은 혼자 살아가기도 하고 몇 마리씩 작게 무리를 지어 생활하기도 해요. 하지만 오랫동안 함께 지내지는 않아요.

성체가 된 수컷에게 일정 기간 나타나는 현상이 있어요. 바로 '머스트'예요. 머스트 상태가 되면 수컷 코끼리의 관자놀이에 있는 분비샘에서 끈적한 액체가 뚝뚝 흘러요.

이 시기의 수컷은 걷잡을 수 없이 거칠고 사나워져요. 길들인 코끼리가 말을 듣지 않아 사고를 일으키는 것도 바로 머스트 상태의 수컷인

경우가 많아요.

그런데 이건 새끼를 낳을 수 있다는 준비가 됐다는 수컷의 '신호'이기도 해요. 암컷 역시 머스트 상태의 수컷과 짝짓기하기도 해요.

이 시기의 수컷은 암컷 무리를 열심히 찾아다녀요. 암컷 무리를 발견하면 잠시 함께 지내면서 암컷과 짝짓기하고 이후 무리를 떠나 다시 혼자 생활해요.

자, 그렇다면 머리글에 나왔던 중국 코끼리 무리의 수컷들은 머스트 시기에 찾아온 수컷이었을까요? 아니면 무리에서 태어난 아직 어린 수컷이었을까요?

세 마리의 수컷은 이동하는 내내 다른 암컷들과 함께 지냈어요. 따라서 이 세 마리의 수컷은 무리에서 태어나 아직 다 자라지 않은 아직 어린 수컷이라는 것, 이제 알겠지요?

코끼리의 말

집단생활을 하려면 서로가 무엇을 원하는지 의사소통해야 문제가 생기지 않아요. 예를 들어 친구와 함께 무거운 짐을 들어야 하는데 친구가 짐을 들지 않아요. 아마 나는 친구가 게으르다고 생각할 거예요. 그런데 사실 친구는 팔이 아팠던 거예요. 이렇게 자신의 상황이나 상태를 말로 표현하지 않으면 오해가 생겨요.

코끼리는 '코끼리의 말'로 자기 의사를 동료에게 전해요. 항상 코끼리가 '뿌우우!' 하고 높은 소리를 내는 것 같지만 사실 흥분했을 때 빼고는 우리가 듣지 못하는 아주 낮은 소리로 코끼리들은 서로 이야기해

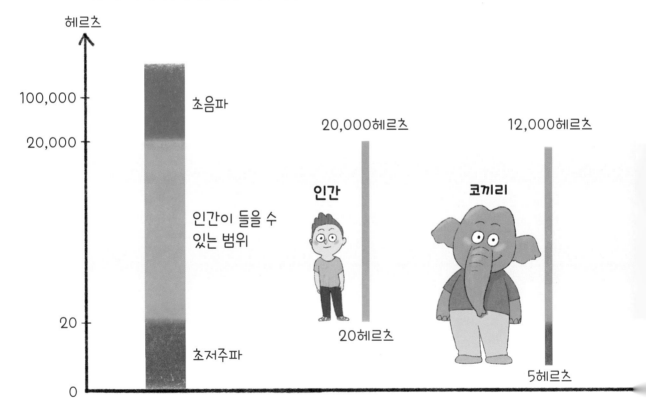

요. 인간이 들을 수 있는 소리의 영역은 20~20,000헤르츠예요. 20,000헤르츠 이상의 높은 소리는 '초음파'라고 해요. 반대로 20헤르츠 이하의 낮은 소리를 '초저주파'라고 해요.

코끼리는 초저주파를 들을 수 있으며, 16헤르츠 이하의 아주 낮은 소리로 이야기해요. 소리는 낮을수록 멀리까지 전달돼요. 그래서 코끼리의 울음소리는 몇 킬로미터나 떨어져 있는 동료에게도 들려요. 인간에게는 들리지 않지만, 동료들과 '오랜만이야.', '반가워! 저쪽에 풀이 많은데 같이 갈래?' 등의 이야기를 나누는 거예요.

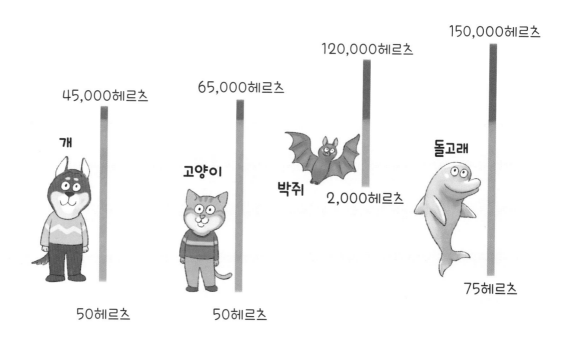

그런데 코끼리는 소리뿐만 아니라 행동으로도 의사소통해요.

'조심해!'
수상한 냄새를 알아차린 코끼리
가 코를 공중에 높이 들어 올려서
동료들에게 조심하라고 경고해요.

'같이 놀자!'
머리를 옆으
로 흔들거나 무
릎을 굽히는 등
의 행동을 하며
동료에게 함께
놀자고 해요.

'나 얕보지 마.'
화가 난 코끼리는 양쪽 귀를 크게 펼치고 머리도 높이 쳐들어요. 정말 화가 난 것 같은 모습이에요.

'저쪽으로 가자!'
리더는 가고자 하는 방향을 보면서 앞다리를 들어 올리고 목소리를 그르렁거려요.

먹이와 물을 찾아서 대이동!

코끼리는 육지에서 제일 거대한 동물이에요. 수컷 아프리카코끼리의 어깨높이는 약 3미터이고, 몸무게는 약 6톤이나 돼요.

미국의 스미스소니언 국립자연사박물관에는 거대한 코끼리 박제가 전시되어 있어요. 1955년에 포획된 코끼리로, 어깨높이는 약 4미터, 몸무게는 약 10톤으로 추측되어요. 이제껏 발견된 코끼리 중 손에 꼽힐 정도로 거대해요.

코끼리는 영양분이 적은 식물을 주로 먹어요. 거대한 몸을 유지하기 위해서는 어마어마한 양의 먹이를 먹어야 해요. 아프리카코끼리는 매일 100종류 이상의 식물을 200킬로그램 정도 먹어요. 물도 100리터 이상 마시고요.

코끼리는 열대 지방에 살지만 사실 더운 걸 좋아하지 않아요. 그래서 강에서 목욕하거나 진흙탕에서 첨벙대는 걸 아주 좋아하지요. 몸에 흙탕물을 묻히는 건 햇볕에 피부가 타거나 해로운 벌레가 몸에 붙는 걸 예방하기 위해서이기도 해요.

너는 코끼리야? 돼지야?

코끼리는 먹이와 물을 많이 먹어야 하기 때문에 한곳에만 계속 머무르지 않아요. 그래서 대부분의 코끼리는 먼 거리를 이동해요. 특히 비가 잘 내리지 않는 건기 때가 되면 먹이와 물을 구하기 힘들어져 목숨이 위험하기도 해요. 사바나에서는 건기 때 수개월, 길면 반년 이상 비가 내리지 않아요. 경험이 많은 리더는 아주 멀리서 울리는 천둥소리를 듣고 비가 내리는 곳으로 무리를 이끌고 가요.

끊임없이 이동하는 데는 물과 먹이 말고 다른 이유도 있어요. 바로 소금 때문이에요. 소금은 모든 동물에게 꼭 필요한 물질이에요. 소금 속에 들어 있는 '나트륨'이 근육이나 신경을 자극하기 때문이에요.

초식 동물이 먹는 식물에는 나트륨이 거의 들어 있지 않아요. 그래서 소금이 있는 흙이나 암석을 찾아 먹어야 해요. 코끼리는 육지에서 가장 덩치가 큰 동물인 만큼 먹어야 할 소금 또한 많아요. 먹이와 물이 충분한 곳에 사는 코끼리도 소금을 찾아 이동하지요.

그런데 소금이 어디에 있는지 코끼리가 어떻게 아냐고요? 코끼리들은 소금이 있는 곳에 대한 정보를 대대로 물려주고 물려받아요. 리더가 잘 기억하고 있다가, 후손 코끼리에게 이와 같이 중요한 정보를 전해 주어요.

아프리카 말리 공화국의 사막 지대에 사는 아프리카코끼리는 매해 480킬로미터나 이동해요. 그동안 이 거리는 코끼리 무리가 이동할 수 있는 가장 긴 거리라고 생각되어 왔어요.

그런데, 머리글에 나온 중국의 코끼리 무리는 총 1,300킬로미터나 이동했어요. 이 '사건'이 세계 사람들을 얼마나 놀라게 했는지 잘 알겠지요?

2 코끼리의 몸은 모든 게 특별해!

손을 대신하는 코

코끼리는 다른 동물과 크게 다른 두 가지 특징이 있어요. 하나는 유난히 긴 코예요. '코끼리'의 어원도 긴 코로부터 비롯되었어요.

종류에 따라 조금씩 다르지만, 코끼리의 코 길이는 대부분 약 2미터나 되고 그 무게도 130킬로그램이나 돼요. 코끼리의 코는 사실 코와 윗입술이 함께 길어진 거예요.

또 이들의 코는 10만 개의 근육으로 이루어져 있어요. 숨을 쉬거나 냄새를 맡을 수 있을 뿐만 아니라 팔과 손의 역할도 해요. 바로 코끝에 있는 돌기 덕분이에요.

코끼리는 코를 사용해 풀을 잡아 뜯어 먹고, 무거운 나뭇가지를 번쩍 들어 올리고, 작은 열매를 따 먹어요. 또 가려운 곳을 벅벅 긁기도 하고, 우리가 악수하는 것처럼 가족이나 친구와 코를 칭칭 감아서 인사하기도 해요.

그렇다면 코끼리는 물을 마실 때 '빨대'처럼 코를 쭉 뻗어서 마실까요? 아니면 '컵'처럼 코에 물을 담은 뒤 입으로 가져가서 마실까요? 정답은 바로 '컵처럼 마신다.'예요.

하지만 새끼가 젖을 먹을 땐 다른 동물과 마찬가지로 엄마 젖꼭지에 입을 대고 젖을 먹어요. 그래서 새끼 때는 젖을 먹는 데 방해가 되지 않도록 코가 짧아요. 젖을 떼고 나서 코가 길어지지요. 코끼리의 코는 정말 특별하지요?

쓰임새가 많은 엄니

코끼리가 다른 동물과 크게 구별되는 특징 중 또 하나는 뭘까요? 바로 거대한 엄니예요! 수컷의 훌륭한 엄니는 암컷을 두고 싸울 때 그 위력을 발휘해요. 또 엄니가 큰 수컷은 암컷들에게 인기가 많아요.

코끼리의 엄니는 3분의 1이 머리뼈 속에 있고 그 나머지가 밖으로 나와 있어요. 아프리카코끼리와 둥근귀코끼리는 암컷도 엄니를 지니고

코끼리 엄니는 앞니야.

앞니   어금니

있어요. 이 엄니는 사자나 표범 등 천적들이 무서워할 만한 강력한 무기가 되지요. 그런데 코끼리 엄니는 다른 맹수의 엄니와 달라요. 사자나 호랑이의 엄니는 '송곳니'가 발달한 것이고, 코끼리의 엄니는 '앞니'가 발달한 거예요.

쥐나 토끼의 앞니는 살아 있는 동안 계속 길어져요. 코끼리의 엄니도 앞니라서 1년에 17센티미터 정도 계속 자라요. 혹시 코끼리의 엄니가 지나치게 길어져서 불편하지 않을까 걱정되나요?

쥐나 토끼가 앞니를 사용해서 일정한 길이를 유지하는 것과 마찬가지로 코끼리의 엄니도 사용할수록 닳기 때문에 다행히 지나치게 길어지는 일은 없어요.

그렇다면 엄니는 어떻게 쓰일까요?

코끼리는 초원의 풀만 먹고 생활하기에는 그 양이 많이 모자라요. 그래서 엄니로 나무껍질을 벗겨서 먹거나 땅속의 나무뿌리를 파서 먹어요. 또 나무를 쓰러뜨린 뒤, 새싹을 엄니로 다듬어서 먹어요. 물이나 소금을 찾을 때도 엄니로 돌이나 바위를 밀어내고 땅을 파지요.

이렇게 도구처럼 사용된 코끼리의 엄니는 계속 끝이 닳아 없어져요. 자기가 사용하기 편한 쪽의 엄니만 계속 쓴 탓에 한쪽 엄니의 마모가 심한 코끼리도 제법 있어요. 어때요? 코끼리의 엄니도 특별하죠?

진기한 세계의 기록을 모은 책, 『기네스북』에 따르면 오른쪽 엄니가 349센티미터, 왼쪽 엄니가 335센티미터이며, 그 두 개를 합친 무게가 133킬로그램인 아프리카코끼리의 엄니가 미국의 동물 협회에 보관되어 있어요.

다섯 번이나 새로 생기는 이빨

여러분의 젖니는 언제 빠졌나요? 젖니가 빠졌던 기억이 나나요? 그때 아마 엄마나 아빠가 이런 말을 했을 거예요.

"새 이는 평생 사용해야 하니까 소중하게 다뤄야 해."

보통 인간을 비롯한 포유류는 유아 때 사용하는 젖니와 젖니가 빠진 뒤 나는 영구치가 있고, 그 종류도 앞니, 송곳니, 앞어금니, 뒤어금니 네 종류가 있어요. 대부분의 포유류는 이빨이 영구치로 교체되면 더는 새로운 이빨이 나오지 않아요.

그런데 코끼리의 이빨은 아주 특별해요! 코끼리는 앞니(엄니)와 어금니(뒤어금니) 두 종류밖에 없어요. 어금니는 신발 같은 모양으로, 아래위 이빨이 맞물리는 면은 주름이 많아서 깔쭉깔쭉해요.

더 특별한 건 이빨이 다섯 번이나 새로 생긴다는 점이에요! 생기는 방법도 특별해요.

보통 포유류의 이빨은 새로운 영구치가 밑에서 나와 유치를 밀어 올리는 '수직 교환' 형태예요. 그런데 코끼리는 새로운 이빨이 뒤에서 앞으로 나는 '수평 교환' 형태예요.

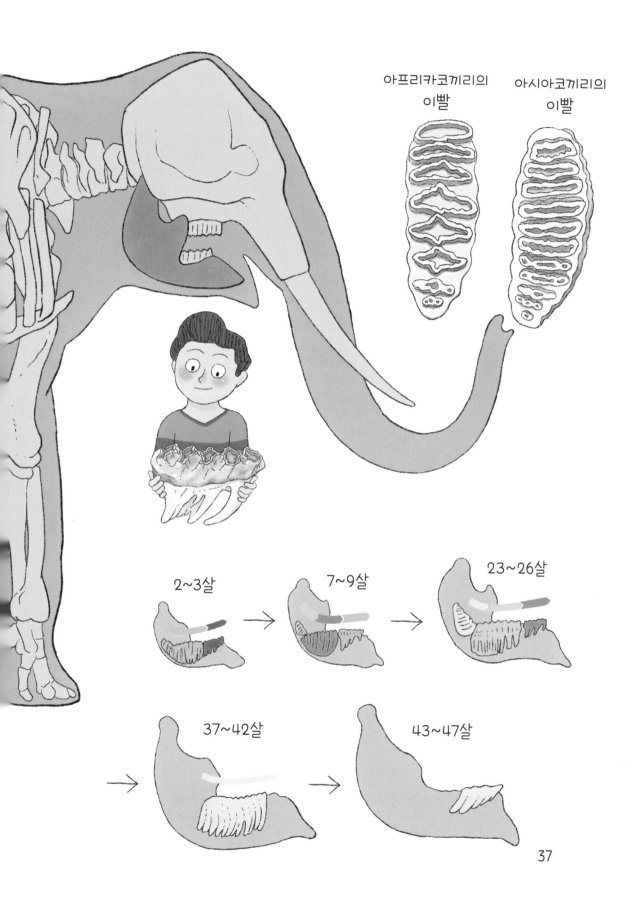

아프리카코끼리의
이빨

아시아코끼리의
이빨

2~3살

7~9살

23~26살

37~42살

43~47살

식물은 질기기 때문에 잘게 으깨야 소화가 잘돼요. 소나 말 등의 초식 동물은 먹을 때 어금니를 사용해서 턱이 앞, 뒤, 오른쪽, 왼쪽으로 자유롭게 움직여요. 코끼리도 아래턱을 앞뒤로 움직여서 단단한 나뭇가지를 작게 으깨서 삼켜요. 이렇게 어마어마한 양의 단단한 식물을 먹다 보니 어금니(아래위 양쪽 네 개) 앞부분부터 점점 마모되어 없어져요. 그러면 뒤쪽에서 새로운 이빨이 마치 컨베이어 벨트처럼 천천히 앞쪽으로 움직여 새로운 이빨로 교환돼요. 그것도 다섯 번이나요!

마지막 여섯 번째 어금니는 30~40살 전후에 교환돼요. 이 마지막 어금니가 다 닳아 없어지면 코끼리는 먹이를 제대로 먹지 못하게 돼요. 나이 든 코끼리는 할 수 없이 늪이나 강가에 나는 연한 풀을 찾아 먹게 되지요. 그래서일까요? 늪과 강가에서는 쇠약해서 죽은 코끼리가 잘 발견돼요.

무거운 몸을 지탱하는 발

인간이나 원숭이는 발바닥을 땅에 붙여서 걷지만, 다른 포유류들은 재빨리 움직일 수 있도록 하이힐을 신은 것처럼 늘 발꿈치를 들고 걸어요.

육식 동물은 사냥감을 잡기 위해, 초식 동물은 육식 동물로부터 도망치기 위해 발꿈치를 들고 뛰거나 걷지요.

지상에서 가장 커다란 몸집을 지닌 아프리카코끼리는 몸무게가 7톤이나 되는 수컷이 종종 발견되기도 해요. 과거에는 몸무게가 10톤이 넘는 코끼리가 발견되기도 했어요.

코끼리는 무겁기 때문에 당연히 우리처럼 발바닥을 땅에 딱 붙여서 걸을 것 같지만 아니에요. 코끼리도 늘 발꿈치를 들어 올리고 걸어요. 그런데 코끼리의 발을 아무리 열심히 살펴보아도 발꿈치를 들고 걷는 것 같지는 않아요. 발 내부를 살펴보아야 그렇다는 걸 알 수 있어요. 그림을 보면 정말로 코끼리의 발꿈치가 들어 올려져 있어요. 발꿈치에는 '쿠션'이 있고요. 지방 등으로 이루어진 이 쿠션이야말로 코끼리가 가진 비밀 장치예요.

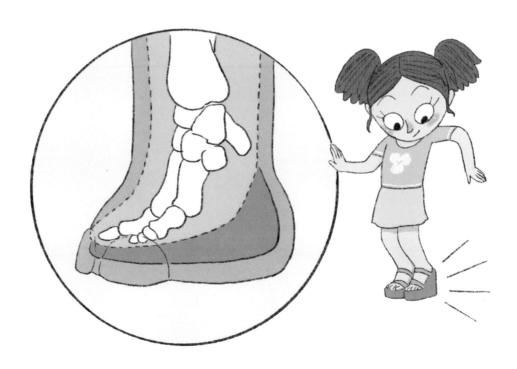

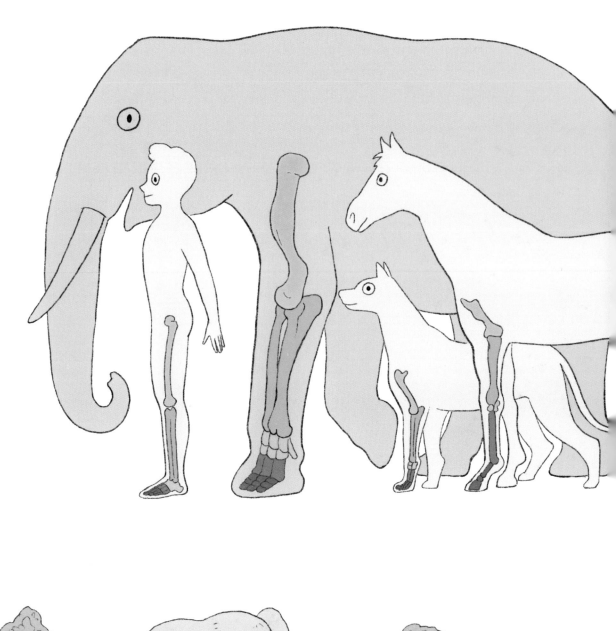

쿠션 덕분에 코끼리는 발꿈치를 들고 있어도 무거운 몸을 받칠 수 있고, 빨리 달려도 소리가 나지 않아요.

코끼리의 발바닥은 감각에 예민해서 낮은 진동도 빨리 알아차려 귀로 전달해요. 발로도 소리를 들을 수 있는 거예요.

코끼리는 발도 정말 특별해요!

인간이 못 듣는 소리도 듣는 귀

코끼리는 인간이 못 듣는 '초저주파'로 이야기하고, 귀뿐만 아니라 발로도 소리를 들을 수 있어요. 기후 조건만 충족된다면 초저주파는 10킬로미터나 떨어진 곳까지 전달돼요.

코끼리가 초저주파를 얼마나 잘 듣는지를 온 세상 사람이 알게 된 사건이 있어요.

2004년 12월 26일, '인도네시아 스마트라 대지진'이 일어났을 때예요. 이때, 태국의 남부 휴양지인 카오락에서 관광객을 등에 태우고 있던 여덟 마리의 아시아코끼리가 해일이 오기 바로 직전에 갑자기 높은 곳을 향해 달렸어요. 덕분에 관광객들은 목숨을 구할 수 있었어요.

이와 같은 코끼리의 이상 행동은 다른 곳에서도 관찰되었어요. 사람들은 코끼리가 초저주파를 듣고 해일이 오는 걸 미리 알고 피했다고 생각했지요.

또 코끼리의 귀는 체온을 조절하는 데 중요한 역할을 해요. 코끼리는 더워도 우리처럼 땀을 흘려 체온을 떨어뜨리지 못해요. 그래서 더울 땐 귀가 맹활약해요. 귀 뒷면에는 그물코 모양으로 혈관이 뻗어 있어요. 더위로 뜨거워진 몸의 피를 귀 쪽으로 보내 귀를 부채질하면 피가 식고, 식은 피를 다시 몸으로 보내요. 그러면 체온이 내려가요. 그래서 햇볕이 뜨거운 사바나에 사는 아프리카코끼리의 귀가 아주 큰 거예요.

그런데 아시아코끼리의 귀는 세 종류의 코끼리 중에서 가장 작아요.
이들은 그늘이 많은 숲에 사니 큰 귀를 가질 필요가 없고, 또 큰 귀는
숲을 누비는 데 오히려 방해되기 때문이에요.

높은 지능

사람과 달리 개나 고양이는 거울에 비친 자기 모습을 인식하지 못해요. 머리가 좋은 원숭이도 마찬가지예요. 이는 아주 단순한 일 같지만 실은 높은 지능이 필요한 일이에요.

거울 속의 모습을 인식하는 능력이 있는 동물은 침팬지, 보노보, 고릴라, 오랑우탄, 돌고래 등 극히 일부뿐이에요.

그렇다면 과연 코끼리는 어떨까요? 한 연구원이 거울을 보는 코끼리 뒤에서 거울에 비치도록 물건을 내걸었어요.

그러자 코끼리는 거울을 보면서 코로 그 물건을 잡으려고 했어요. 거울에 비친 모습이 자기라는 걸 인식한 거예요!

코끼리는 숫자도 셀 수 있어요. 연구원은 코끼리의 오른쪽에는 사과 세 조각씩 들어간 양동이 두 개, 왼쪽에는 사과 네 조각과 한 조각이 들어간 양동이 두 개를 두었어요.

코끼리는 어느 쪽의 양동이를 선택했을까요? 코끼리는 오른쪽의 양동이를 선택했어요. 왼쪽의 '4+1=5'보다 오른쪽의 '3+3=6'이 많다고 계산한 거예요.

연구원은 이런 실험을 통해 코끼리는 적어도 8까지는 거의 정확하게 수를 셀 수 있다고 밝혔어요.

U3 코끼리는 자연의 '씨뿌리개'

하루에 얼마나 먹을까?

이제는 코끼리가 자연에서 어떤 역할을 하는지 알아볼까요?

코끼리는 다리, 코, 엄니, 입을 요령껏 사용해서 잎, 가지, 열매, 껍질, 뿌리 등 식물의 모든 부분을 먹어요.

예를 들어 기름야자를 먹을 때, 먼저 큰 몸을 나무에 부딪혀서 나무를 쓰러뜨려요. 그러고는 엄니로 재주 있게 새싹을 베어 먹고, 열매나 가지, 잎을 어금니로 으깨 먹어요.

코끼리는 '초식 동물'이지만, 소나 말처럼 '풀'만 먹는 건 아니에요. 가지, 뿌리, 열매 등 여러 부분을 먹으니 '식물식 동물'이라고 하는 게 더 정확해요.

코끼리가 먹는 풀이나 나무는 영양가가 적기 때문에 큰 덩치를 유지하기 위해서는 많이 먹어야 해요. 하루에 100종류 이상의 다양한 식물을 200킬로그램이나 먹지요.

그래서 코끼리는 대여섯 시간 빼고는 거의 온종일 먹거나 먹을 것을 찾아 이동해요. 잠도 두 시간 정도밖에 자지 않아요.

대왕판다는 온종일 대나무를 먹는 것처럼 보이지만 하루 중 절반의 시간을 식사하는 데 사용해요. 소 역시 하루 중 40퍼센트 정도의 시간을 식사하는 데 쓰고요. 그런데 아프리카코끼리는 하루의 70퍼센트의 시간을 식사하는 데 사용해요.

하루 섭취량

나무껍질

열매

이파리

풀

나무뿌리

200킬로그램

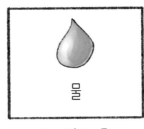

물

100킬로그램

하루 중 30퍼센트의 시간을 자거나 쉬는 데 사용해요.

30%

70%

하루 중 70퍼센트의 시간을 먹는 데 사용해요.

먹은 게 절반도 소화되지 않아!

육식 동물은 고기를 먹고, 초식 동물은 풀을 먹고 살아요. 왜 둘은 먹이가 다를까요? 그건 바로 소화 방법이 달라서예요. 육식 동물은 풀을 소화하지 못해요. 풀은 연해 보이지만, 사실 '셀룰로스'라는 딱딱한 식물성 섬유가 있어요. 그래서 몇몇의 초식 동물은 풀을 소화하기 위해 특별한 방법을 쓰고 있어요. 바로 '되새김질'을 하는 거예요.

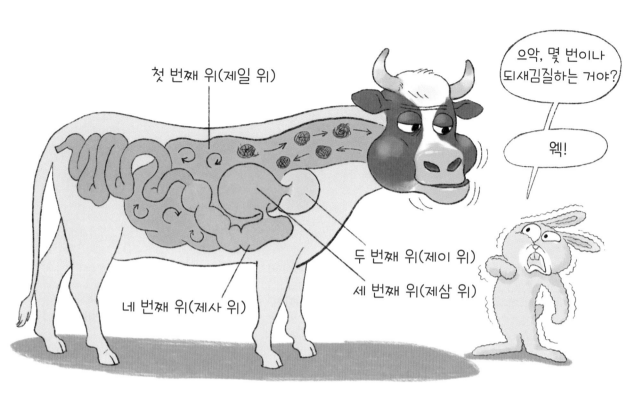

첫 번째 위(제일 위)

으악, 몇 번이나
되새김질하는 거야?

웩!

두 번째 위(제이 위)

세 번째 위(제삼 위)

네 번째 위(제사 위)

소, 낙타, 사슴, 기린 등의 초식 동물은 음식물을 소화하는 위를 네 개나 가지고 있어요. 풀을 씹어서 첫 번째 위에 저장해 두면, 그 안에 있는 '미생물'이 풀을 분해해요. 그걸 다시 몇 번이나 반복한 뒤, 두 번째 위를 거쳐 세 번째 위로 보내요. 점점 잘게 부서진 먹이는 네 번째 위에서 대부분이 소화돼요.

말이나 토끼도 풀을 먹고 살지만, 이들은 되새김질하지 않아요. 대신 아주 큰 맹장을 갖고 있어요. 그 속에도 미생물이 살고 있어서 식물을 잘 소화할 수 있어요.

토끼는 자기 똥을 먹어서 소화를 돕기도 해요. 토끼는 두 가지 종류의 똥을 싸요. 밤에 싸는 똥은 무르고 포도처럼 송알송알 뭉쳐져 있어서 영양분이 풍부해요. 토끼는 이 똥을 먹어요.

낮에 싸는 딱딱한 똥은 음식물이 모두 소화된 뒤, 남은 찌꺼기가 뭉쳐져 나온 거예요.

그렇다면 코끼리는 과연 어떤 방법으로 먹이를 소화하는 걸까요? 사실 코끼리는 특별한 방법을 사용하지는 않아요. 되새김질하는 것도 아니고, 맹장이 발달한 것도 아니고, 똥을 먹는 것도 아니에요.

먹이를 되새김질하는 소의 소화율은 약 70퍼센트 정도라고 해요. 이에 반해 코끼리의 소화율은 50퍼센트 이하라고 해요. 섭취한 먹이가 절반도 소화되지 않는 거예요.

코끼리는 똥도 특별해!

코끼리는 엄청나게 먹기 때문에 배출하는 똥의 양 또한 어마어마해요. 다 자란 코끼리가 배출하는 똥은 커다란 알 모양의 덩어리로, 1~2킬로그램 정도예요. 한 번에 여섯 개에서 여덟 개 정도의 덩어리가 배설돼요.

오줌도 무척 많이 싸요. 덩치가 큰 코끼리는 한 번에 오줌을 10리터나 싸기도 해요. 다 자란 코끼리는 하루에 똥오줌을 여섯 번에서 여덟 번 정도 싸요. 덩치가 큰 아프리카코끼리는 하루에 100킬로그램 정도의 똥을 싸는 거예요.

와, 진짜 많이 먹고 진짜 많이 싸는구나?

코끼리는 딱딱한 나무껍질을 먹은 뒤 똥으로 배출해요. 이는 다른 동물에게 근사한 먹이가 되기도 해요.

게다가 코끼리의 똥에는 식물의 열매와 씨앗도 있어요. 그것들이 땅에서 다시 싹트고 풀과 나무로 자라요. 코끼리 똥은 비료처럼 영양분이 많아요. 똥에 있던 씨앗은 그 영양분 덕분에 빨리 성장할 수 있어요. 식물 중에는 코끼리가 먹어서 똥으로 내보내야만 비로소 싹이 트는 씨앗도 있답니다.

코끼리 똥 역시 특별하지요? 코끼리의 형편없는 소화력 덕분에 오히려 자연이 지켜지는 셈이에요!

코끼리의 똥은
식물을 잘 자라게 해!

코끼리는 생태계의 '핵심종'

지구에는 1,000만 종 이상의 생물이 살고 있어요. 생물들은 서로서로 밀접하게 연관되어 있지요. 이런 생물과 그들이 사는 자연환경을 합쳐서 '생태계'라고 해요.

생태계의 생물 중에서 특히 중요한 역할을 하는 종을 '핵심종'이라고 하는데, 코끼리가 바로 육지 생태계의 대표적인 핵심종이에요.

아프리카코끼리는 사바나를 누비면서 엄청난 양의 식물을 먹어요. 식물을 하루에 200킬로그램이나 먹기도 하고, 똥을 하루에 100킬로그램이나 싸기도 해요. 게다가 코끼리는 이동하는 동물이라 곳곳에 똥을 누어요. 즉 코끼리는 자연에 씨를 뿌리면서 이동하는 '씨뿌리개'인 거예요!

풀과 나무가 사라진 땅에는 초식 동물이 살지 않아요. 먹이가 없으니까요. 초식 동물이 없으면 육식 동물도 살 수 없어요.

그런 척박한 땅에 코끼리 무리가 이동하면서 많은 똥을 누면 어떻게 될까요?

땅속에 사는 생물들이 코끼리의 똥을 먹고 척박한 땅을 기름지게 만들 거예요. 비가 내리는 우기가 되면 똥에 있던 씨앗이 싹틀 테고요. 풀과 나무가 쑥쑥 자라면 초식 동물이 찾아올 거고, 이들을 잡아먹기 위해 육식 동물도 찾아올 거예요.

이렇듯 코끼리가 자연을 지키는 거예요.

그런데 코끼리는 숲의 나무를 쓰러뜨리기도 해요. 마치 숲을 파괴하는 것처럼 보이지요. 하지만 이러한 행동 역시 숲을 지키는 일이에요.

1970년대, 아프리카 우간다 공화국의 퀸 엘리자베스 국립 공원에서 4,000마리나 되던 아프리카코끼리가 밀렵으로 인해 갑자기 줄어들어 수백 마리밖에 남지 않게 되었어요.

코끼리가 쓰러뜨리던 나무의 수가 줄자, 나무가 우거지고, 키 작은 식물들이 햇빛을 받지 못해 자라지 못했어요. 점점 풀이 사라지자 초식 동물들은 공원을 떠날 수밖에 없었고, 육식 동물 또한 떠나게 되었지요.

코끼리의 수가 줄자 생태계가 변한 거예요. 코끼리가 나무를 쓰러뜨리거나 뽑는 행동은 결과적으로 사바나에 나무가 불어나는 걸 막고 초원을 유지하는 데 꼭 필요한 행동이었던 거예요.

이처럼 아프리카 초원의 생태계는 아프리카코끼리에 의해 유지되고 있어요. 숲에 사는 둥근귀코끼리와 아시아코끼리 역시 숲을 유지하는 데 아주 중요한 역할을 하고 있고요. 만약 코끼리가 없어지면 생태계가 달라지고 다른 동물도 사라지게 돼요. 그래서 코끼리가 바로 '핵심종'인 거예요!

육지의 핵심종은 불곰, 늑대, 수달 등이 있고 바다의 핵심종은 상어, 해달, 불가사리 등이 있어요. 코끼리의 똥이 숲을 지킨다는 이야기, 이제 잘 이해되지요?

비버

해달

꿀벌

불곰

아프리카의 흰개미

벌새

딱따구리

흰기러기

지렁이

늘대

프레리 도그

상어

산호

불가사리

인도 '가네샤 신'의 얼굴이 코끼리인 이유

세상에는 많은 신도를 가진 종교가 있어요. 기독교, 이슬람교, 불교 그리고 힌두교 이 네 가지를 '세계 4대 종교'라고 불러요.

힌두교에는 여러 신이 있는데, 그중 '가네샤'는 인간의 몸에 코끼리의 얼굴을 하고 있어요. 인도 사람들은 새로운 일을 시작할 때나, 여행을 떠날 때, 장사가 잘되길 바랄 때 가네샤에게 기도하거나, 가네샤의 상이나 그림을 놓아두어요. 그런데 가네샤는 왜 코끼리의 얼굴을 가지고 있는 걸까요? 만화를 통해 함께 알아볼까요?

생각보다 센데? 할 수 없이
내가 나서야겠군.

시바는 가네샤의 목을 잘랐어요.

왜 이렇게 소란스러운
거야?

안 돼! 내 아들, 가네샤!

어떻게 된 거야?

아들?

응?

난 그런 줄도 모르고….
다시 원래 대로 해 놓을게.

그러나 가네샤의 머리를 찾을 수가 없었어요.

할 수 없지. 처음 만나는 생물의 머리를
가져와라!

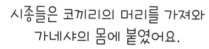

시종들은 코끼리의 머리를 가져와
가네샤의 몸에 붙였어요.

내 아들이 다시 돌아왔구나!

그래! 그럼 너도
내 아들이다!

가네샤, 이제부터 너는 재앙을 물리치고
성공을 가져오는 고귀한 신이야!

태국의 하얀 코끼리는 왕태자

이번에는 4대 종교 중 하나인 불교와 연관된 코끼리 이야기예요. 인도의 마야 부인은 흰 코끼리가 옆구리로 들어오는 꿈을 꾼 뒤 '석가모니'를 낳았다고 전해져요.

그래서 드물게 태어나는 흰 코끼리는 석가모니의 환생으로 여겨졌어요. 태국은 국민 대부분이 불교 신자예요. 그래서 태국에서는 흰 코끼리가 특별히 신성하게 여겨지지요.

태국에서는 흰 코끼리를 포획하거나, 키우던 코끼리가 흰 코끼리를 낳을 경우, 법적으로 왕에게 바쳐야 해요. 만약 흰 코끼리를 왕에게 바치지 않으면 벌을 받아요. 그렇게 바쳐진 흰 코끼리는 왕궁에 있는 사육사에게 소중히 길러져요. 놀랍게도 흰 코끼리는 왕태자와 같아요. 그래서 왕의 생일이나 외국에서 귀한 손님이 방문했을 때, 흰 코끼리도 그 자리에 함께 참석하지요.

　태국 사람들은 석가모니의 탄생 설화로 인해 흰 코끼리에게는 과거
의 위대한 왕이나 영웅의 '영혼'이 깃들어 있다고 믿어요. 그래서 왕만
이 소유할 수 있는 특별한 존재가 된 거예요.

　1916년까지 태국에서는 붉은 바탕색에 흰 코끼리가 그려진 국기를
사용했어요. 지금은 국기에 흰 코끼리는 없지만 이를 신성하게 여기는
정신은 오늘날까지도 계속 이어지고 있어요.

귀양 보내진 우리나라 최초의 코끼리

코끼리와 관련된 우리나라의 이야기도 있어요. 우리나라의 첫 번째 코끼리가 일본에서 왔다는 사실을 알고 있나요?

'그럼 일본에 코끼리가 사는 건가요?' 하고 생각했나요? 아니에요. 일본에는 원래 코끼리가 살지 않아요. 사실 우리나라에 온 이 아시아 코끼리는 1408년, 동남아시아의 한 나라가 일본의 최고 권력자에게 선물로 바친 것이었어요. 살아 있는 코끼리를 처음 본 일본 사람들은 아주 놀랐어요.

"검은 코끼리가 오다니! 이렇게 불길할 수가!"

일본은 6세기 중반에 백제가 불교를 전한 이후, 불교를 나라의 국교로 정했어요. 그래서 불경에 등장하는 '코끼리'라는 동물을 알고 있었지만, 모두 하얗다고 생각했어요. 그런데 불운의 상징 '검은색' 코끼리를 선물로 받자 심각한 재앙이 올까 봐 두려워했던 거예요.

일본은 팔만대장경판(유네스코 세계 기록 유산)으로 찍은 대장경을 받은 보답으로 우리나라에 검은 코끼리를 선물로 보냈지요. 그전까지 우리나라에는 코끼리가 존재하지 않았어요.

장도

제주도

　일본의 첫 코끼리이자 우리나라 첫 코끼리가 된 코끼리는 1411년에 우리나라로 들어와 조선과 일본, 두 나라의 친선의 증표로 여겨져 소중히 길러졌어요. 그런데 이 코끼리는 다음 해, '공조전서'를 지낸 이우라는 사람을 죽이고 말아요.

　'공조'란 산천을 관리하고 집 따위를 짓는 국가 기관이며, '전서'는 가장 높은 벼슬이에요. 공조전서는 지금으로 말하자면 건설 교통부나 산업 자원부의 장관쯤 돼요.

　《조선왕조실록》태종 12년 12월 10일 편에는 이 사건에 대해 이렇게

쓰여 있어요.

"공조전서 이우가 기이한 짐승이라 하여 가 보고, 그 꼴이 추하여 비웃고 침을 뱉었는데, 코끼리가 노하여 그를 밟아 죽였다."

지위가 매우 높은 사람을 죽였으니 당시 법에 따라 코끼리는 사형감이었어요. 하지만 이 코끼리는 일본에서 보내온 귀중한 선물이었지요. 함부로 처벌하면 일본과의 외교 문제가 생길 수도 있었던 거예요. 하지만 사람을 죽였으니 반드시 처벌은 해야 했지요. 고민에 고민을 거듭한 뒤에 태종은 코끼리를 전라남도에 있는 섬으로 귀양 보냈어요.

그런데 그 이후, 코끼리는 우리나라 각지를 떠돌다 다시 사육사를 죽이고 말아요. 1421년 3월 14일 세종은 코끼리를 또다시 섬에 귀양 보내도록 명했어요.

"물과 풀이 좋은 곳으로 보내라. 다만, 병들어 죽지 않도록 하여라."

이것이 우리나라 첫 코끼리의 마지막 기록이에요.

알프스를 넘은 '한니발의 코끼리'

　마지막 이야기는 전쟁에 이용된 코끼리 이야기예요. 아직 총도 대포도 발명되지 않았던 이 시기에는 거대한 덩치를 가진 코끼리가 오늘날의 전차처럼 이용되었어요.

　그중에서 '한니발의 코끼리' 이야기가 아주 유명하지요. 기원전 218년~기원전 201년에 걸쳐 로마와 카르타고가 지중해의 지배권을 둘러싸고 벌인 싸움인 '제2차 포에니 전쟁'에서 카르타고군을 지휘한 건 '한니발'이라는 젊은 장군이었어요.

　'바다는 로마가 틀어쥐고 있으니 그쪽으로 가는 건 무리야. 하지만 육지로는 너무 먼 길을 가야 해. 오, 마침 좋은 방법이 생각났어!'

　　한니발은 카르타고의 영토였던 스페인에서 프랑스를 지나 알프스산
맥을 넘어서 방어가 약한 북쪽에서 로마를 물리치는 전법을 생각해 냈
어요.

　　한니발은 처음 50마리의 코끼리와 5만 명의 병사를 꾸리고 원정을
나섰으나, 프랑스에 닿았을 땐 코끼리가 37마리로 줄었어요. 이탈리아
반도에 도착했을 땐 코끼리는 고작 8마리(한 손으로 셀 수 있는 수였
다는 설도 있음)였다고 해요.

　　그런데 로마군은 예상치 못한 길에서, 그것도 코끼리까지 데리고 나
타난 한니발 군대에 놀라 혼란에 빠졌어요. 그렇게 한니발은 첫 싸움
에서 승리했어요.

하지만 무모한 전법으로 인해 치러진 그 대가는 너무 컸어요. 원래 목적인 로마를 물리치기에는 병사가 턱없이 모자랐어요. 결국 한니발 은 카르타고로 돌아갈 수밖에 없었고 로마에 패배하게 됐지요.

그런데 한니발이 전쟁터에 데려간 코끼리는 과연 어떤 종이었을까요? 카르타고는 북아프리카에도 영토가 있었으니 아프리카코끼리였을까요? 하지만 아프리카코끼리는 성격이 거칠어서 사람의 명령을 잘 듣지 않아요. 등에 타는 것 조차 어렵지요.

그렇다면 성격이 순한 아시아코끼리였을까요? 하지만 50마리나 되는 아시아코끼리를 어떻게 얻은 걸까요? 혹시 둥근귀코끼리였을까요? 아니면 지금은 멸종되어 사라진 코끼리일까요?

전문가들은 당시의 자료 등으로 미루어볼 때 '한니발의 코끼리'는 둥근귀코끼리를 닮은, 몸집이 작은 코끼리였던 건 틀림없다고 해요.

U5 코끼리를 부탁해!

그치지 않는 상아 밀렵

우린 코끼리의 엄니를 다른 동물의 엄니와 구별하여 '상아'라고 부를 만큼 오래전부터 특별하게 여겨왔어요.

코끼리의 엄니는 적당히 단단해서 가공하기 쉽고 아주 아름다운 빛깔을 띠고 있어서 공예품 재료로 많이 사용되어요.

피아노 건반과 당구공, 조각상도 이전에는 상아로 만들어졌으며, 곱게 빻아서 약으로 먹기도 했어요.

　서아프리카의 코트디부아르라는 곳은 15세기에 선주민이 모아 온 상아를 얻기 위해 유럽 상인들이 많이 찾아온 곳이에요. 그래서 '상아 해안'이라고 불리며 번영했지요. 19세기에 프랑스의 식민지가 되면서 '상아 해안'은 나라 이름으로 굳어졌지요.

　원래 상아를 주로 거래하던 곳은 상아의 수요가 많고, 상아를 가공하는 기술이 발달했던 아시아였어요. 하지만 아시아코끼리의 수가 줄어들자 아프리카에서 상아를 대량 수입하게 되었어요.

특히 1970년대 후반~1980년대까지 상아의 수요가 갑자기 늘어나 훌륭한 엄니를 가진 아프리카의 코끼리가 떼죽음을 당했어요.

당연히 코끼리 사냥은 국제법으로 금지되어 있어요. 법을 어기고 채취하거나 사냥하는 것을 '밀렵'이라고 해요.

1980년대에는 아프리카코끼리의 밀렵이 심각해져 10년 동안 약 60만 마리가 죽임을 당했어요. 절반 가까이 되는 아프리카코끼들이 사라졌지요.

더는 가만히 두고 볼 수 없다고 생각한 국제 사회가 1989년, '워싱턴협약(멸종 위기에 처한 야생 동물의 국제 거래를 규제하는 협약)'으로 상아의 거래를 금지했어요. 하지만 여전히 불법 거래는 계속되고 밀렵도 없어지지 않아요.

가슴 아프지만 해마다 2만 마리 이상의 코끼리가 상아를 목적으로 한 밀렵 때문에 죽고 있어요. 둥근귀코끼리의 상아는 그중 특히 곧아서 공예품을 가공하는 데 가장 알맞아요.

팜유 때문에 삶터를 잃다

아시아코끼리 역시 생태계의 핵심종이에요.

가끔은 300제곱킬로미터에 이르는 드넓은 지역을 이동하면서 '자연의 씨뿌리개' 역할을 하지요.

코끼리가 사라지고 아시아의 숲이 파괴되면 호랑이나 표범을 비롯한 아시아의 야생 동물도 살아갈 수 없을 거예요.

아시아코끼리는 열세 개 나라에서 무리 지어 살고 있어요. 하지만 많은 수가 멸종 위기에 처해 있어요. 아프리카의 코끼리는 '밀렵'이라는 문제에 처해 있지만, 아시아 코끼리는 '개발'로 인한 서식지의 파괴와 분단이라는 심각한 문제에 처해 있어요.

아시아의 주요한 서식지가 인도나 동남아시아 등 세계적으로 인구가 많은 지역과 겹쳐 있기 때문이에요. 게다가 인구가 계속 늘고 급격한 경제 성장으로 개발이 멈출 줄 몰라요

그중에서도 인도네시아의 수마트라섬의 상태는 특히 심각해요. 이곳은 코끼리, 호랑이, 코뿔소, 오랑우탄이 함께 사는 세계 유일의 섬인데, 개발로 인해 약 70퍼센트의 숲이 사라지고 말았어요.

점점 사라지는 수마트라섬의 숲

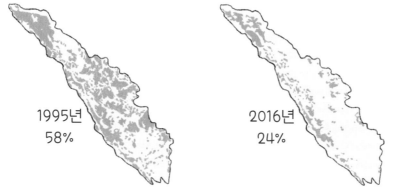

1995년
58%

2016년
24%

수마트라섬을 비롯한 동남아시아의 숲은 과거에는 목재를 얻기 위해 사람들이 수없이 많은 나무를 잘랐고, 그 이후에는 고무나 종이의 원료가 되는 나무를 심기 위해 보다 더 많은 나무를 잘랐어요. 현재는 '팜유'를 얻기 위해 사람들이 나무를 자르고 불태우고 있고요.

팜유란 기름야자에서 얻어지는 식물성 기름으로, 현재 세계 식물성 기름 생산량에서 1위를 차지해요.

팜유가 세계에서 가장 많이 생산되는 이유는 가격이 쌀 뿐만 아니라 오래 두고 써도 잘 변질하지 않는 특성이 있기 때문이에요.

우리가 먹는 라면, 아이스크림, 초콜릿, 과자 등의 가공식품에도 팜유가 사용되고, 샴푸나 치약, 비누 등에도 팜유가 들어가지요.

팜유 농장 때문에 코끼리는 삶터를 잃고 있고, 자유롭게 이동하지 못하게 되었어요.

코끼리가 다시 살게 된 국립 공원

코끼리는 인간과 더불어 오랫동안 함께 살아온 벗이고, 자연에 없어서는 안 되는 '핵심종'이에요. 그래서 절대로 멸종되면 안 돼요.

현재 세계 각지에서 코끼리와 더불어 살기 위한 새로운 움직임이 시작되고 있어요.

아프리카의 케냐와 탄자니아, 두 나라의 국경선 길이는 약 700킬로미터나 돼요. 이 광대한 국경 지대에는 열여섯 개의 보호 공원이 있어서 아프리카코끼리가 가장 많이 사는 아프리카 지역 중 하나예요.

최근 두 나라가 협력하여 밀렵이 자주 일어나는 곳을 지도로 제작하고 밀렵을 제지했어요.

또 서식지 복원에 성공한 좋은 예도 있어요. 바로 아프리카 모잠비크의 '고롱고사 국립 공원'이에요. 이곳은 원래 아주 아름답기로 유명했어요. 1960년, 2,200마리의 코끼리와 200마리의 사자, 14,000마리의 아프리카물소를 비롯하여 하마나 누, 얼룩말 등 아프리카를 대표하는 수많은 동물이 살고 있었어요.

하지만 1977년~1992년에 이르는 내전으로 나라는 황폐해졌어요. 병사들은 살기 위해 야생 동물을 잡아먹었고, 그 혼란을 틈타 밀렵 또한 자주 일어나 코끼리 등 공원 안의 야생 동물이 90퍼센트나 사라지고

아프리카

모잠비크

고롱고사 국립공원

GORONGOSA NATIONAL PARK

말았어요.

그렇게 고롱고사 공원은 '내전으로 망가진 공원'으로 유명해졌어요.

내전이 끝나자 모잠비크 정부는 다른 야생 동물 보호 구역에서 아프리카물소, 누, 얼룩말, 그리고 생태계에 없어서는 안 되는 핵심종인 코끼리 여섯 마리까지 고롱고사 국립 공원으로 데려왔어요.

이런 꾸준한 노력의 결과로 현재 650마리의 코끼리를 비롯한 많은 야생 동물이 다시 공원으로 돌아와 지금은 '내전을 이겨 낸 공원'으로 다시 주목받고 있어요.

보호 구역을 생태 통로로 잇다

머리글의 중국 '코끼리 사건'처럼 코끼리는 원래 이동하는 동물이에
요. 그런데 서식지가 분단되어 코끼리 무리가 자유롭게 오갈 수 없게
되었어요.

코끼리가 이동하지 못한다는 건 '자연의 씨뿌리개' 역할을 할 수 없
다는 거예요. 그래서 분단된 서식지를 생태 통로로 잇는 사업이 세계

각지에서 추진되고 있어요. 생태 통로를 그저 야생 동물의 로드킬(동물이 도로를 건너다 차에 치여 죽는 일)을 방지하는 시설로만 생각하면 안 돼요. 생태 통로는 원래 분단된 야생 동물의 서식지를 잇는 목적으로 설치된 시설이에요.

인도에서 아시아코끼리가 가장 많이 서식하는 북동부의 아삼주에서는 생태 통로를 확보하여 두 서식지 사이를 코끼리들이 자유롭게 이동할 수 있게 했어요. 국립 공원을 생태 통로로 잇는 사업은 케냐나 부탄 등에서도 추진되고 있어요.

팜유 농장이 아시아코끼리의 삶터를 빼앗고 있다는 이야기 기억하나요? 이걸 해결하고자 나선 농장이 있어요. 바로 말레이시아 보르네오 섬 북부 사바주에 있는 '무란킨 팜유 농장'이에요.

2017년, 이 농장에서 한 가지 실험이 시작되었어요. 이전까지는 코끼리가 농장 안에 못 들어오도록 전기 울타리로 농장을 둘러싸고 폭죽으로 위협해 코끼리를 몰아냈어요.

하지만 생각을 바꿔 무란킨 농장은 유럽의 연구자와 힘을 합쳐 자연 보호 구역과 농장을 자유롭게 오갈 수 있는 여러 개의 생태 통로를 만들었어요.

그러자 농장의 피해는 몰라보게 적어졌어요. 실험에 협력한 농장 주인은 이렇게 말했어요.

"우리 농장 안에 코끼리와 오랑우탄이 사는 걸 자랑으로 생각합니다."

이처럼 생태계의 핵심종이자 '자연의 씨뿌리개'인 코끼리와 더불어 살기 위한 새로운 도전이 세계 각지에서 시작되고 있어요.

이 책을 읽어 준 여러분에게 부탁하고 싶은 게 있어요. 코끼리가 자연에서 얼마나 중요한지 모두에게 잘 알려 주길 바라요. 그리고 앞으로도 코끼리를 잘 부탁해요!

코끼리 관련 상식 퀴즈

01 코끼리는 총 세 종류예요. (○, ×)

02 코끼리의 종류는 ＿＿＿＿＿코끼리, ＿＿＿＿＿코끼리, ＿＿＿＿＿
코끼리가 있어요.

03 매머드는 최초의 시조 코끼리예요. (○, ×)

04 아프리카코끼리는 몸집이 아주 작아요. (○, ×)

05 아프리카코끼리는 주로 ＿＿＿＿＿에 살아요. 그래서 ＿＿＿＿＿코
끼리라고도 불려요.

06 코끼리의 가족 집단은 수컷으로만 이루어져 있어요. (○, ×)

07 코끼리는 영역 싸움을 하는 동물이에요. (○, ×)

08 다 자란 수컷 코끼리에게 일정 기간 나타나는 현상으로, ＿＿＿＿＿ 시
기의 수컷은 관자놀이에 있는 분비샘에서 끈적한 액체가 흐르고, 걷잡
을 수 없이 거칠고 사나워져요.

09 인간이 들을 수 있는 소리의 영역은 0~50,000헤르츠예요. (○, ×)

10 코끼리는 ＿＿＿＿＿를 들을 수 있으며, 아주 낮은 소리로 이야기해요.

11 코끼리는 육지에서 세 번째로 거대한 동물이에요. (○, ×)

12 코끼리는 수백 킬로미터를 이동하는 동물이에요. (○, ×)

13 코끼리는 ＿＿＿＿＿를 손처럼 사용해요.

14 코끼리의 엄니는 ＿＿＿＿＿가 발달한 거예요.

15 코끼리의 엄니는 살아 있는 동안 계속 자라나요. (○, ×)

16 코끼리는 풀이나 나무껍질, 이파리 등을 먹는 ＿＿＿＿＿이에요.

17 코끼리의 이빨은 ＿＿＿＿＿번이나 새로 생겨요.

18 코끼리는 발바닥에 있는 ＿＿＿＿＿＿＿ 덕분에 발꿈치를 올리고 있어도 무거운 몸을 받칠 수가 있고, 빨리 달려도 소리가 나지 않아요.

19 코끼리의 ＿＿＿＿＿＿＿는 체온을 조절하는 데 중요한 역할을 해요.

20 아시아코끼리의 귀는 세 종류의 코끼리 중에서 가장 커요. (○, ×)

21 코끼리는 하루 중 대부분의 시간을 잠자는 데 사용해요. (○, ×)

22 코끼리는 되새김질을 하기 때문에 먹은 풀을 잘 소화시켜요. (○, ×)

23 코끼리의 ＿＿＿＿＿＿＿은 영양분이 풍부해 비료와 같은 역할을 해요.

24 코끼리는 육지 생태계에서 중요한 역할을 하는 생물로 ＿＿＿＿＿＿＿이라고 해요.

25 힌두교의 ＿＿＿＿＿ 신은 인간의 몸에 코끼리의 얼굴을 가지고 있어요.

26 한니발의 코끼리는 아프리카코끼리처럼 커다란 몸집을 가지고 있었다고 전해져요. (○, ×)

27 코끼리의 ＿＿＿＿＿＿＿는 가공하기 쉽고 아름다운 빛깔을 띄고 있어서 사람들이 이를 얻기 위해 무분별하게 코끼리를 죽이고 있어요.

28 법을 어기고 식물이나 동물을 채취하거나 사냥하는 것을 ＿＿＿＿＿＿＿이라고 해요.

29 팜유 농장 때문에 코끼리는 삶터를 잃고 자유롭게 이동하지 못해요. (○, ×)

30 코끼리는 숲을 살리는 ＿＿＿＿＿＿＿ 역할을 해요.

정답

01 ○　02 아시아, 아프리카, 둥근귀　03 ×　04 ×　05 사바나　06 ×　07 ×　08 머스트
09 ×　10 초저주파　11 ×　12 ○　13 코　14 앞니　15 ○　16 초식 동물　17 다섯
18 쿠션　19 귀　20 ×　21 ×　22 ×　23 똥　24 핵심종　25 가네샤　26 ×　27 상아
28 밀렵　29 ○　30 씨뿌리개

코끼리 관련 단어 풀이

건기 : 기후가 건조하여 비가 거의 내리지 않는 시기.

기후 : 일정한 장소에서 매일 달라지는 날씨를 여러 해 동안 살펴서 비, 눈, 바람, 기온 등의 평균을 나타낸 것.

나트륨 : 인간이나 동물에게 꼭 필요한 영양소인 '미네랄' 중 하나이며, 대부분을 소금으로 얻음.

되새김질 : 먹이를 다시 게워 내어 씹는 일.

머스트 : 수컷 코끼리에게 일정 기간 나타나는 현상. 관자놀이에서 끈적끈적한 액체가 흐르며, 이 시기의 수컷은 걷잡을 수 없이 사나워진다.

멸종 : 생물의 한 종류가 영영 사라지는 것.

미생물 : 눈으로는 보이지 않는 아주 작은 생물.

밀렵 : 법을 어기고 몰래 사냥하는 일.

박제 : 죽은 동물을 살아 있을 때와 같은 모양으로 만든 것.

배설 : 똥과 오줌 등을 몸 밖으로 내보내는 일.

사바나 : 건기와 우기가 뚜렷한 열대와 아열대 지방에서 발달되는 초원.

생태계 : 생물들이 서로 영향을 주고받으며 함께 살아가는 세계.

서식지 : 생물들이 자리를 잡고 생활하는 곳.

성체 : 다 자라서 새끼를 낳을 능력이 있는 동물.

신경 : 동물의 몸에서 필요한 정보를 서로 전달하는 구조.

엄니 : 크고 날카롭게 발달한 포유류의 이빨.

열대 기후 : 일 년 내내 덥고 비가 많이 오는 열대 지방의 기후.

영구치 : 젖니가 빠진 뒤 나는 이.

영양분 : 생명을 유지하거나 성장하기 위해 필요한 성분.

영역 : 일정한 지역.

우기 : 기후가 습하고 비가 많이 내리는 시기.

육식 동물 : 고기를 먹고 사는 동물.

의사소통 : 몸짓이나 말 등의 표현을 통해 가지고 있는 생각을 서로 나누는 일.

젖니 : 아기나 새끼 때 사용하는 이.

짝짓기 : 새끼를 낳기 위해 동물의 암수가 하는 행위.

체온 : 동물이 가지고 있는 몸의 온도.

초식 동물 : 풀이나 나무 등 식물을 주로 먹고 사는 동물.

초음파 : 너무 높아서 인간에게는 들리지 않는 소리.

초저음파 : 너무 낮아서 인간에게는 들리지 않는 소리.

포유류 : 태어난 새끼가 엄마의 젖을 먹고 자라는 동물.

핵심종 : 생태계의 생물 중에서 특히 중요한 역할을 하는 종.

헤르츠 : 소리의 진동수를 표시하는 단위.

혈관 : 피가 흐르는 관.

협약 : 협상을 통해 맺은 조약.

참고 자료

책

- 『오랑우탄과 팜유 농장 보고서』 김황 / 풀과바람 / 2020
- 『코끼리 샤쿠라』 김황 / 창비 / 2007
- 『미션·코끼리·레스큐 (ミッション・ゾウ・レスキュー)』 / NATIONAL GEOGRAPHIC / 2019
- 『코끼리의 지혜 (ゾウの知恵)』 / SPP出版 / 2017
- 『코끼리가 걸어온 길 (ゾウの歩んできた道)』 / 小原秀雄 / 岩波書店 / 2002

잡지 및 신문

- NATIONAL GEOGRAPHIC 일본판 「상아와 신앙(象牙と信仰)」 2012년 10월호
- NATIONAL GEOGRAPHIC 일본판 「되살아난 야생의 고동(よみがえる野生の鼓動)」 2019년 5월호
- 일본 마이니치신문 「농장과 코끼리 생태 통로로 공생(農園 ゾウ回廊で共生へ)」 2019년 7월 10일호